AF571410

Daniel Cohen éditeur
www.editionsorizons.fr
Cardinales, classiques de l'Antiquité au *XIX*^e^
Cardinales/Commentaire sur les classiques de l'Antiquité au *XIX*^e^

Cardinales a fait d'emblée en beau: la collection s'est ouverte avec Goethe, notre prophète; son magnifique texte, *Le Conte*, a paru dans une nouvelle traduction, due à François Labbé; nous remontons ensuite dans le temps: l'helléniste et latiniste Marcel Desportes a laissé une traduction inédite, de *L'Énéide*, forte littérairement et indéniablement inventive. Grâce à l'érudition de l'écrivain Gianfranco Stroppini de Focara, spécialiste de Virgile, le pari a été relevé—une mise sur le marché de l'*opus magnum* de la culture occidentale. Au printemps de 2010, outre la grande épopée africaine rapportée par Lilyan Kesteloot, *L'Épopée bambara de Segou*, Virgile nous est revenu avec les *Géorgiques* et les *Bucoliques*, dans une traduction originale de Léopold Niel. Puis, dans la traduction du regretté Charles Dobzynski, les *Sonnets à Orphée de Rilke*; ont suivi des poèmes d'Emily Dickinson traduits par Antoine de Vial; doivent paraître romans et essais de Judith Gautier, qui eut, dans le dernier quart du XIXe siècle et dans la première décennie du XXe, une notoriété considérable. Mais aussi des plus beaux livres de l'Ancien et du Nouveau Testament dans des traductions de notre temps. Il en sera ainsi des érudits, des romanciers, des moralistes de ces vingt siècles—voire en deçà—miroir d'une condition en tous points semblable à la nôtre; le vertige des âges n'a en rien modifié les interrogations, les espérances, les révoltes, les tourments des hommes et des femmes: *Cardinales* en sera le reflet bien sûr, et dans une veine universaliste.

Cardinales/Commentaire dégage des vues sur ces vertiges, ces périodes, ces phares. La collection réunira de belles contributions. Un texte original et enté sur notre manière d'être et de voir l'inaugure. Il s'agit de *Stéphane Mallarmé «et le blanc souci de notre toile». Du Livre à l'Ordinateur,* de David Mendelson (2013).

D.C.

ISBN: 978-2-336-30020-7

Dans la même collection

Parus dans « Cardinales / Commentaire »
David Mendelson, *Stéphane Mallarmé et « le blanc souci de notre toile » Du Livre à l'Ordinateur,* 2013.

Parus dans « Cardinales »
Goethe, *Le Conte*, 2008
Virgile, *L'Énéide*, 2009
Virgile, *Les Géorgiques, Les Bucoliques*, 2010
Lilyan Kesteloot, (recueillie par), *L'Épopée bambara de Segou*, 2010
Rainer Maria Rilke, *Sonnets à Orphée*, 2011
Emily Dickinson, *Menus Abîmes*, 2012
Chatzi Sechretis, *L'Alipachade* (épopée épirote), 2013
Le Mahābhārata, traduction du sanskrit par Gilles Schaufelberger et Guy Vincent, tomes I et II, 2013
Dante Alighieri, *La Divine Comédie ou le Poème sacré*, 2013
Dante Alighieri, *La Vita Nuova*, 2013
William Shakespeare, *Œuvres, tome* I, 2013
William Shakespeare, *Œuvres, tome* II, 2013
Théâtre espagnol du Siècle d'or (Fernando de Rojas et Pedro Calderón de la Barca), 2013
Donatien Alphonse-François, marquis de Sade, *Les Infortunes de la vertu*, édition de Justine Legrand, 2013
Le Preux et le Sage, l'épopée du Kayor et autres textes wolof, transcription et traduction du wolof par Mamoussé Diagne, présentation de Lilyan Kesteloot, 2014
Le Mahābhārata, traduction du sanskrit par Gilles Schaufelberger et Guy Vincent, tomes III et IV, 2014

Photo de couverture *:*
portrait de Novalis par Gianfranco Stroppini

Hymnes à la nuit

Hymnen an die Nacht

Chants spirituels

Geistliche Lieder

Les Éditions Orizons ont publié
de Gianfranco Stroppini de Focara

Virgile et l'Amour, coll. « Universités », Orizons, Paris, 2010 ;
Le serpent se mord la queue, coll. « Littératures », Orizons, Paris, 2011 ;
D'Alexandre à Jésus, de la grandeur profane à la grandeur sacrée, coll. « La main d'Athéna/Philosophie », Orizons, Paris, 2013 ;
La vita nuova de Dante Alighieri, traduction et commentaire, Orizons, Paris, 2013.

Georg Philip Friedrich
von Hardenberg
dit
Novalis

Hymnes à la nuit

Hymnen an die Nacht

Chants spirituels

Geistliche Lieder

éditést, traduits de l'allemand et présentés par

Gianfranco Stroppini de Focara

2014

Introduction

Voici les deux recueils poétiques majeurs de l'esprit humain sans doute le plus extraordinaire que l'Occident chrétien ait produit à le fin du XVIIIe siècle jusqu'en 1802. Encore faut-il s'entendre sur le concept-même de poésie, tel qu'il paraît sous la plume de Novalis. Il ne s'agit pas d'une adhésion à la tradition longtemps mûrie par les auteurs au cours des âges. Non ! Les vers de Novalis, sont-ce encore des vers ? Où est passée la prosodie avec ses règles contraignantes qui la distinguent de la prose ? Le poète saxon taille magistralement dans les institutions surannées et finalement indistinctes. Son âme aspire à une vie nouvelle où l'adhésion au sublime, brisant toutes les barrières, se rit des règles. Tout cependant n'est pas jeté aux chiens. La cadence, l'harmonie, le sémantisme verbal, les structures syntaxiques inusitées assurent au message de Novalis, au-delà de la gangue métrique traditionnelle, un pouvoir de transfiguration mélodique et poétique constant.

Surgi d'une expérience singulière, celle de l'épiphanie de Sophie von Kühn morte le 17 mai 1797 et sur la tombe de laquelle Novalis était venu se recueillir, le dire du poète assume cette même singularité pour traduire les transports de l'âme et voici que paraît la poésie en prose. Encore, comme nous le dit son journal, Hardenberg avait-il d'abord rédigé le recueil des « Hymnes à la nuit » dans une versification traditionnelle, par la suite jugée incongrue et remaniée jusqu'à assumer l'aspect d'une poésie en prose dont le manuscrit final fut remis par le poète à son ami Friedrich Schlegel le 31 janvier1800. Ce manuscrit étant perdu, nous avons suivi le texte de Susanna Mati dans son édition « Novalis Inni alla notte, Canti spirituali » parue chez Feltrinelli en 2012, Milano et qui reprend la rédaction de l'œuvre publiée dans la revue « Athenäum » par les frères Schlegel en août 1800.

Pour ce qui concerne les « Chants spirituels », ils semblent se conformer à l'atmosphère de renouveau spirituel chrétien vers la fin du XVIIIe qui tend à faire du Christianisme une religion universelle. Ce sont donc des chants destinés aux cérémonies liturgiques. Franz Schubert en a mis certains en musique. La date de composition des différents chants s'étend de 1799 à 1800. Ici encore nous avons suivi Susanna Mati dans l'édition précitée pour notre traduction.

Avant propos

Avant de donner la traduction des deux œuvres poétiques majeures de Novalis, nous proposons au lecteur quelques éclaircissements qui nous semblent essentiels pour une bonne compréhension de l'œuvre : Novalis est-ce le prédicateur d'une religion instituée ou un chantre-poète livré à son inspiration, comme il nous a semblé ? Dès lors quelle ambition anime l'artiste ainsi défini dans l'accomplissement de sa tâche artistique ? Pour répondre à cette question nous l'avons mis en perspective avec un devancier selon nous incontournable, en l'occurrence Dante. L'omniprésence de la nuit dans une poésie décidément tournée vers l'ésotérisme s'oppose à la lumière, ce qui met en cause l'essence même de l'âme et du monde. Comment l'auteur résout-il cet antagonisme ? Une fois définis l'œuvre et l'univers intérieur du poète fondateur du romantisme dans la fusion trilogique Sophie-Novalis-Christ, doit-on en faire le miroir de l'âme allemande ? Pour terminer nous proposons d'élargir à Pythagore les référents de Novalis.

I — Le prédicateur et le chantre-poète.

Il est des esprits éminents dont les œuvres, tels des rayons lumineux, traversent l'espace et le temps pour se rejoindre, s'entrecroiser et fusionner ensemble. Les messages, émanés de ces phares étrangement apparentés, semblent nous avertir de la certitude d'un au-delà de l'être dont nous participons et qui nous est consubstantiel. Leurs paroles énigmatiques captent notre entendement. Elles prennent volontiers des tournures poétiques qui nous enchantent par leur beauté, et nous subjuguent par les révélations ésotériques qu'elles véhiculent et qui regardent des événements immémoriaux, proprement au-delà de la mémoire: elles nous révèlent à nous-mêmes et percent les arcanes de l'univers où nous sommes depuis les origines jusqu'aux finalités eschatologiques. La beauté ainsi parée d'ésotérisme pourrait s'apparenter aux liturgies religieuses. Le poète et le prêtre seraient indissociables.

Doit-on dire que la vocation du poète est de fonder un culte ou une religion inconnue avant lui ? Il ne nous semble pas. Ces phares qui se passent le flambeau ou, pour parler comme Baudelaire, « ces échos qui de loin se répondent » n'entendent pas se substituer aux prédicateurs d'un culte, moins encore à son fondateur. Leur fonction est autre. Les cultes ésotériques, les religions ont leur registre propre destiné à capter les esprits. Ce registre relève d'un cérémonial, souvent incantatoire, qu'on appelle liturgie. Le poète en revanche, qui est un artiste et qui par là-même a fait de la beauté la finalité de son art, ne peut se confondre avec un fondateur de religion. Cela ne l'empêche pas cependant de célébrer par les moyens qui lui sont propres une religion, d'en devenir en quelque sorte le propagateur magnifiant par les vertus de son art. Pour autant ces distinctions, on le conçoit aisément, sont loin d'être drastiques et d'ériger une barrière infranchissable entre le chantre et le prêtre-officiant, la nature et la fonction de l'un et de l'autre étant sujettes à confusion et à variations dans les remous du temps qui passe, c'est-à-dire l'histoire. C'est ainsi qu'Orphée, à priori chantre-poète est tenu pour fondateur de l'orphisme-pythagoricien, doctrine où le cultuel, le philosophique et l'ésotérique se mêlent intimement. Otto Kern[1], en revisitant ce qui nous est parvenu de la littérature grecque, a réuni un corpus important de fragments propres au pythagorisme. La cosmogonie que comportait cette doctrine, propose une création de l'univers plongé dès l'abord dans les ténèbres. Il faut attendre l'intervention du dieu Phanès[2] pour que le monde émerge à la lumière.

II — De Virgile à Novalis : l'ambition démiurgique.

Les *Hymnes à la nuit* de Novalis reprennent et magnifient cette interprétation pythagoricienne d'une nuit consubstantielle à l'univers originel. Cette référence à la nuit pythagoricienne nous permet en tout cas de situer le poète germanique dans une perspective bien éloignée de la cosmogonie chrétienne proposée par les Écritures qui s'ouvrent sur une création du monde par un Dieu-démiurge essentiellement soucieux d'une lumière bienfaisante répandue par le soleil, la lune et les étoiles. Cette

1. Voir aussi Grazziano Arrighetti, *Frammenti orfici*, Firenze T.E.A. 1989 : Otto Kern, *Orphicorum fragmenta*, Berlin, Weidmann, 1922.
2. *Cf.* G.Stroppini, *L'amour dans les* Géorgiques *de Virgile*, Paris, L'Harmattan, 2003.

apparente divergence, sur laquelle il faudrait se pencher plus longuement, nous permet d'ores et déjà de classer le fondateur du romantisme allemand dans la catégorie des chantres-poètes plutôt que celle des prédicateurs d'un culte exclusif. Non que la seconde soit incompatible avec la première, la beauté prêtant souvent la force de ses effets à la spiritualité qu'elle encense. On pourrait en multiplier les exemples, mais il nous plait de citer Virgile comme chantre sacré de la Romanité selon Macrobe ; poète certes, mais révélateur des oracles sibyllins, prophète, par sa descente aux enfers où il rencontre Marcellus, de l'avenir de Rome. L'œuvre du Mantouan focalise en elle-même un important syncrétisme des courants philosophico-cultuels en acte de son temps dans le creuset méditerranéen. Si nous tenons à le citer c'est que plus que d'autres, il nous donne occasion de souligner cette fusion du poétique et du religieux. Par la beauté de son œuvre pétrie d'ésotérisme l'artiste se fait poète-révélateur. Conscient de sa puissance créatrice, la finalité ultime poursuivie est de recréer dans un chant porté à la perfection mélodique l'imminente harmonie cosmique universelle consécutive au retour de l'âge d'or. Celle-là devient miroir de celle-ci. Dès lors, orgueilleux de sa création révélatrice, le poète prend mesure de véritable démiurge[3]. Novalis n'avait-il pas d'autre part exprimé par écrit à F. Schlegel en date de novembre 1798 son intention d'écrire lui aussi une œuvre sacrée qu'il nomme Bible comme lieu de la construction de l'esprit créateur ?

Or voici que ce « long écho » parti de l'œuvre de Virgile rencontre celui de Dante avant de finir sous la plume de

3. Il semble que cette stature de démiurge que Virgile se donne à lui-même ait fait de l'ombrage à Auguste. Voir à ce sujet notre *Virgile, Rome et la fin de l'histoire*, Paris, Ausonia, 2001.

Novalis. Du païen au chrétien, du chrétien au romantique allemand. Mais ce flux de poésie mystique et créatrice qui traverse les cultures et les âges puise sa force de propagation dans une aspiration universelle à l'éternité : l'amour.

« « Un soir fait de rose et de bleu mystique », dit encore le poète français dans la « *mort des amants* »

« Nous échangerons un rayon unique… Un ange viendra… »

L'amour, par quoi se détermine toute élévation spirituelle, en quoi se fonde la partie la meilleure de l'homme chrétien et prend essor son envolée dans la patrie perdue dont il a nostalgie (cette *sehnsucht* si récurrente dans la poésie de Novalis). Nul doute que l'écho du poète de la Transpadane ne soit parvenu aux oreilles du poète saxon. Mais bien davantage celle du Florentin, notamment *La vita nuova.*

Il nous faut ici, avant de donner la traduction des deux œuvres poétiques majeures de Novalis, insister sur la raison du pseudonyme littéraire Novalis choisi par notre poète. Lui-même ne s'en explique pas vraiment. Schlegel[4], il est vrai, affirme que F. von Hardenberg n'aurait pas été insensible au nom d'une propriété familiale nommée « de Novali » aux environs de 1190. Cela n'ôte rien cependant à ce que nous venons de dire : il est impensable qu'un esprit comme le sien, porté à l'universalisme, ne se soit pas penché sur l'œuvre du poète majeur du Christianisme médiéval européen, Dante Alighieri. Or dans La *vita*

4. Il s'agit d'un manuscrit envoyé à Schlegel et intitulé par celui-ci « Blüthenstaub » dans la revue *Athäneum* d'avril-mai fondée par les frères Schlegel. Notre poète y aurait alors et pour la première fois utilisé le pseudonyme Novalis. Notons que Gérard Labrunie fera de même pour son pseudonyme de Nerval.

nuova, la rencontre de Béatrice[5] puis sa mort déterminent chez le poète de Florence un bouleversement tel que sa vie en est totalement changée : c'est proprement une nouvelle vie. Et voici que, remplaçant Virgile au Purgatoire pour mener le poète à « l'amour qui meut le soleil et les autres étoiles »[6], c'est-à-dire Dieu, Béatrice devient allégorie de toute élévation spirituelle. Le poète allemand ne fait-il pas exactement la même expérience par la rencontre de Sophie von Kühn[7] puis sa mort ? C'est pourquoi le pseudonyme de Novalis est, à nos yeux, un hommage rendu au Florentin, ce qui n'ôte rien à l'affirmation de Schlegel. Il n'y a pas d'incompatibilité entre les deux explications, bien au contraire.

C'est aussi l'une des raisons pourquoi nous avons voulu, après avoir fait paraître la traduction de la *Vita nuova* de Dante Alighieri aux éditions Orizons, proposer au public la traduction des deux œuvres poétiques majeures de Novalis : *Hymnes à la nuit* et *Chants spirituels*. S'il n'est guère douteux que l'ambition du Florentin fut de doter l'Occident d'un livre sacré du Christianisme, comme celle de Virgile de donner à Rome son livre sacré, de la même façon, il nous paraît que les *Hymnes à la nuit* et les *Chants spirituels* étaient destinés, dans l'esprit de Novalis, à la même prestigieuse vocation dans le cadre du piétisme protestant où il avait vécu avec toute sa famille. On ne peut douter en tout cas que, à l'égal du Florentin, il conçut une véritable passion pour les œuvres poétiques des poètes augustéens et notamment Virgile, dont encore collégien il

5. Béatrice avait neuf ans quand Dante la vit pour la première fois.
6. C'est le dernier vers de la *Divina Commedia.*
7. Sophie von Kühn née le 17 mars 1782 rencontre Novalis en 1794, soit à l'âge de douze ans au château de Grüningen. Le poète dira à son frère Erasmus : « Un quart d'heure a décidé de ma vie. »

traduisit les *Bucoliques*. Sur cette assise, assortie de bien d'autres apports tant le génie de Novalis fut universaliste, il donne le coup d'envoi au courant littéraire et artistique le plus puissant du XIXe siècle européen : le romantisme. Son influence sur ses compatriotes fut déterminante. Il connut les meilleurs esprits de la culture allemande de son temps dans les branches les plus diversifiées, philosophie, philologie, religion, sciences, littérature etc. Certains de ses chants spirituels ont été mis en musique par Schubert et introduits dans la liturgie piétiste. Il nous semble dès lors pouvoir affirmer que s'il est vrai que l'œuvre poétique de Novalis est très éloignée de la majesté et la puissance du Dante, elle n'en a pas moins connu une fortune plus heureuse en son temps que ne le fut celle de son prédécesseur, l'effacement culturel du moyen-âge pendant plusieurs siècles ayant relégué dans l'ombre ses plus nobles génies. Nous rappelons d'autre part une fois de plus la prétention affichée par Novalis d'écrire ce qu'il nomme une Bible comme lieu de construction de l'esprit créateur et ce dans une lettre écrite à F. Schlegel, comme précisé ci-dessus, ce qui nous permet d'aligner Novalis aux côtés de Virgile et de Dante dans la prétention à la démiurgie.

III — Le clair-obscur et l'ambivalence de l'âme

Assurément, l'œuvre poétique de Novalis ne peut que déconcerter un esprit habitué à l'ordonnancement et à la clarté classiques, fût-il imprégné des tumultes romantiques du XIXe siècle pour attraper quelque pan du métaphysique et du religieux. De ce point de vue, convient-il vraiment de distinguer le fond de la forme ? La lettre certes suit l'esprit, comme la fonction crée l'organe, mais lettre, esprit, fonction et organe restent à définir. Or qui ne voit que cette définition varie selon les habitudes acquises au long des siècles par la fréquentation des œuvres, leur étude, les enseignements et tout simplement la vie ? En somme cette définition est la résultante d'une culture.

Novalis qui chante la toute puissance de la nuit pour aller à la complétude de soi et la résurgence du monde représente l'indéniable expression du romantisme allemand, le *Sturm und Drang* poussé à son point extrême. Ésotérisme et métaphysique mêlés exaspèrent les sentiments, notamment l'amour, tout au long d'une vie le plus souvent tourmentée. L'écriture qui veut en rendre compte s'en ressent nécessairement et crée des modes linguistiques et stylistiques nouveaux qui convergent dans une esthétique proprement inédite, appelée romantique. Novalis en est l'expression originelle, ce qui ne l'empêche pas de rappeler dans ses *Hymnes à la nuit* et ses *Chants spirituels* les traditions littéraires, philosophiques ou ésotériques relevant de la culture classique gréco-romaine, comme le Pythagorisme, dont la cosmogonie prête un rôle fondamental à la nuit, les philosophes présocratiques ou les oracles sibyllins. Ainsi, chantant la nuit, le dire de Novalis se fait tout naturellement obscur. Ne concevrait-il pas clairement l'objet de son chant[8] comme dit le poète? Pas si simple ! Il se pourrait que la nostalgie des origines[9], où règne le chaos, opère en nous tyranniquement et nous traîne à ces très lointaines modalités d'être et de dire qui furent notre berceau avec une sorte d'avidité pour trouver

8. Boileau, *Art poétique* : « Ce qui se conçoit bien s'énonce clairement… »
9. *Cf.* Mircea Eliade *La nostalgie des origines.* L'allemand « sehnsucht » revient avec insistance sur cette notion dans la poésie de Novalis.

du nouveau, comme dit encore Baudelaire, tout enveloppé qu'il est justement de ténèbres.

Voici dès lors que l'inintelligibilité, touchant aux profondeurs ultimes de l'homme, projette celui-ci dans sa plus fondamentale vérité mieux qu'une artificieuse clarté peaufinée au cours des âges par une insistance coercitive. En somme la part du clair et de l'obscur dans la trame de notre intimité ne se détermine pas aisément. Ne participons-nous pas de l'un et de l'autre, de sorte que tout choix ressortit à l'art des équilibristes soumis à un dur apprentissage dont le fruit devient à la longue une seconde nature ? Et n'est-ce pas au fond la raison pourquoi, après tant de siècles de rationalisme discriminatoire, la modernité, comme en manière de vengeance, s'est jetée tout de l'autre bord, dans la confusion des genres, des modalités d'expression, de l'indéterminé, de l'informe, où nous nous complaisons, comme si cette autre vérité de nous-mêmes, attrapée à la fin, valait bien la précédente ?

Novalis d'autre part, pour ne rien dire de sa constitution physiologique et de ses origines ethniques, ne participe-t-il pas de cette partie de l'Europe appelée l'Occident et qui, par une application acharnée dans l'étude des œuvres grecques et romaines, s'est érigée en pierre angulaire du classicisme culturel ? Or ce classicisme d'essence gréco-romaine n'allait pas sans nuances ni contrastes, admettant en son sein et à côté d'éblouissantes clartés, les zones les plus obscures de notre nature, comme nous venons de le dire. Et n'est-ce pas justement cette conception universaliste de l'âme qui l'harmonisait tant ? Faire ses humanités n'est-ce pas encore comprendre cela, que nous sommes faits d'ombre et de lumière ? Dans cette perspective se situe l'œuvre de Novalis, *Hymnes à la nuit* et *Chants spirituels*.

La forme, par ses beautés poétiques, y élude parfois les brumes du fond, mais que de fois le fond lumineux traduit les faiblesses verbales en vraies réussites littéraires ! Faisant l'éloge de la nuit comme véhicule qui mène au salut, le poète intègre dans son œuvre, à côté d'éléments puisés dans les croyances païennes, comme le retour de l'âge d'or, la tradition chrétienne dans ses lignes essentielles. Pas d'incongruités toutefois. L'harmonie est assurée par un souffle poétique constant. Or nous voici pris au piège : les *Hymnes à* la *nuit* et les *Chants spirituels* sont-ce paroles divinatoires qui s'apparentent à la prière ou marqueterie bien jointe propre à satisfaire notre appétit de beauté ? La légèreté n'y manque pas, comme le veut Platon[10], pour intégrer les parties dans un tout harmonieux. Les tropes, nombreuses, sont toujours ajustées. Cela concourt à charmer l'entendement, comme aussi le mélange de prose et de poésies. Les concepts visant à l'élévation spirituelle portent à l'extase : sortir de soi pour aller à l'indicible. Le poète y mène le lecteur hanté douloureusement par la quête de l'ailleurs. Avec Novalis nous partons pour cet Orient où toute parole est révélation, comme le fera Nerval à son heure.

Indubitablement l'œuvre poétique novalienne représente le sommet sans doute le plus élevé du courant littéraire d'outre-Rhin appelé Romantisme. Son rayonnement n'a pas été sans toucher les autres littératures européennes, notamment la française, nonobstant les Lumières répandues à travers l'Europe. Il s'agissait en effet d'une esthétique nouvelle déterminée par l'exacerbation des sentiments, notamment l'amour, sans préjuger des autres, au niveau individuel et collectif. Il favorisait

10. Platon, *Ion* : « le poète est chose légère. »

l'éclosion d'un art inédit, sustenté par les forces vives d'un moi dominant en quête d'identité et s'enracinant dans le tréfonds des âges et de la foi : le terreau médiéval et chrétien des peuples européens. Littérature, architecture, peinture, sculpture, à coups d'ethnographie et de spiritualité, tout est bon pour forger un homme nouveau arraché à la grandeur romaine et chu dans son sous-produit populaire : le roman. Cet homme nouveau c'est l'homme romantique, exhumé de l'obscurantisme médiéval et barbare, par là-même hostile à la lumière, c'est-à-dire dans le contexte historique où nous nous situons, aux Lumières. Il revenait à Novalis le privilège de fonder un mouvement qui devait devenir la clef-de-voûte de l'édifice littéraire européen : le romantisme.

IV — L'œuvre poétique de Novalis comme miroir de l'âme allemande

Après ces quelques propos de caractère très général et que nous espérons tout le même significatifs, deux mots encore sur l'œuvre puis la biographie de l'auteur. On imagine aisément combien nombreux sont les critiques qui se sont penchés sur les deux recueils poétiques majeurs de Novalis, les *Hymnes à la nuit* et les *Chants spirituels.* Délaissant l'unique roman novalien si extraordinaire et si original *Henri de Ofterdingen* dont la thématique de la *Blaue Blume (Fleur bleue)* symbole de l'inaccessible idéal hante bien des mémoires, nous donnons à notre tour la traduction de ces œuvres poétiques à destination d'un large public en nous tenant, comme nous l'avons fait pour la *Vita nuova* de Dante, aussi proches que possible du texte original. La tentation est grande en effet pour un traducteur de refondre l'œuvre poétique dans une langue autre, en l'occurrence la française, pour tenter d'attraper les beautés notamment mélodiques et rythmiques de l'originale. Il nous a semblé, sans vouloir jeter le discrédit sur qui que ce soit, que cette tentative, vu l'éloignement des idiomes, était d'autant plus vouée à l'échec qu'à l'aspect purement littéraire et stylistique du message se mêle une dimension manifestement ésotérique laissée à l'acribie du lecteur.

La version que nous présentons serait-elle dès lors réservée à des lecteurs qui s'en serviraient de tremplin pour aborder le texte allemand et mieux le saisir dans son originalité première ? Pourquoi non ? Il reste cependant que notre traduction ne se borne pas de façon systématique à un mot à mot indigeste et que, faisant effort pour ne pas trahir l'original sans tomber dans le galimatias, elle veut offrir du texte une version linguistiquement acceptable pour tout public de langue française. En matière de traduction comme partout ailleurs le juste milieu, c'est-à-dire la mesure, reste un idéal auquel il convient de se tenir.

Le romantisme que fonde l'œuvre poétique de Novalis est l'une des clefs de voûte de l'édifice littéraire universel. Mais l'ambition du poète allait bien au-delà de la littérature. Il voulait tout bonnement en faire un instrument de transformation sociale et culturelle, ce qu'il appelle «*Die Welt romantizieren*»[11]. Forger un homme nouveau. Assurément la question qui se pose est de portée universelle : l'œuvre poétique puise-t-elle ses ressources dans l'humus existentiel, spirituel, idéologique du peuple où elle s'enracine, et ne lui rend-elle pas en retour la quintessence de sa dynamique vitale ? Dès lors une telle

11.«Romantiser le monde».

connivence ne traduit-elle pas un seul et même souffle existentiel, un être au monde complémentaire qui se confortent réciproquement. En somme et c'est la question que nous nous sommes posée et que nous posons au lecteur : les caractéristiques inaliénables qui figurent l'âme du poète sont-elles le miroir et le parangon de l'âme du peuple dont il ressortit, de sorte que la destinée de l'un préfigure nécessairement celle de l'autre ? Lire les *Hymnes à la nuit* et les *Chants spirituels* dans cette perspective devient alors un décryptage d'une autre nature que tout bonnement culturelle. Sous un tel éclairage nous voici à relire l'histoire, à la réinterpréter dans l'autrefois, le présent et l'avenir. L'âme de Novalis miroir de l'âme de tout un peuple, comme pour les stoïciens les règles de l'entendement humain étaient celles de l'univers.

Nous disons, pour ce qui nous concerne, que la complétude du poète dans la nuit de la mort peut, mise en acte au niveau collectif, faire vertu du sacrifice de toute vie, quand les accents de l'officiant prophétisent le retour de l'âge d'or. Nous sommes loin avec Novalis d'une religion de l'amour béat, fût-il piétiste, plus proches en revanche des oracles sibyllins et du spectacle troublant de la mythologie intemporelle. Une œuvre poétique en somme plus immédiate que toute autre, plus dérangeante, plus enivrante aussi.

V — Théosophie et création artistique : la quadrilogie unitaire

Ainsi la mort de Sophie, loin de clore la vie de Novalis et de stériliser son esprit et son œuvre, les enrichit étonnamment. N'a-t-il pas lui-même déclaré que la douleur consécutive à la mort donne à l'amour toute sa force créatrice et l'arrache à ce monde misérable pour l'ouvrir à un autre monde miraculeusement recréé, dont l'œuvre d'art est le reflet. L'artiste devient par là même un Christ créateur à son tour et l'on assiste à cette étonnante fusion dans une sorte de trinité : Sophie, Novalis, le Christ. Dès lors la philosophie conjuguée à la religion se fait théosophie. Nous sommes ici au cœur de la problématique novalienne de la création artistique. Par la douleur et l'amour l'artiste recrée le monde en même temps qu'il s'accomplit lui-même. L'œuvre d'art devient révélation magique de la vérité individuelle et collective du monde que la lumière du jour et la paix du cœur voilaient. Dès lors la mort douloureuse se mue en félicité. Dans les ténèbres de l'absence, l'amour porté à l'incandescence reconstruit l'univers dans la beauté. Novalis, créateur par les ténèbres de la mort, se situe bel et bien aux antipodes de Dante Alighieri qui clôt la Divine Comédie sur le célèbre vers :

L'amor che muove il sole e le altre stelle.[12]

D'un Dieu d'amour et de lumière nous passons avec Novalis à un Dieu qui anime l'univers dans les ténèbres. Est-ce l'antagonisme du piétisme protestant et de l'église catholique et romaine ? Quoi qu'il en soit, nous avons vu précédemment combien l'orgueil intéresse l'un et l'autre de ces deux génies poétiques par leur prétention à la démiurgie. Mais force nous est de constater que ce travers de l'âme (l'orgueil) s'est révélé pour l'un et pour l'autre dans une foisonnante richesse de production littéraire. Nous avons précédemment joint Virgile à Dante et Novalis, communiquant entre eux comme de fascinants

12. « L'amour qui meut le soleil et les autres étoiles. »

échos. Il nous faut maintenant, pour achever notre introduction, rappeler un autre référent auquel nous avions fait allusion.

Le génie de Novalis, tout christianisé qu'il fût, n'en plonge pas moins ses racines dans l'antiquité païenne et plus précisément grecque. Le champ d'activité mentale du poète germanique poussé aux frontières de l'universel y rencontre un autre génie prophétique singulièrement révélateur : Pythagore. Virgile l'avait rencontré lui aussi et nous renvoyons le lecteur à nos études sur l'œuvre du Mantouan. Inspiré par la Pythie, Pythagore révèle par son verbe poétique l'origine du monde[13] et sa vocation eschatologique. Sa doctrine théosophique, qui intéresse l'âme du monde et des êtres disséminée en étoiles dans l'incommensurable firmament, révèle le cosmos des origines à la fin, celle-ci rejoignant l'autre comme le serpent se mord la queue. Dans la doctrine pythagoricienne l'univers engendré est dès l'abord plongé dans les ténèbres. Le dieu Phanès vient l'en arracher et le révéler à la lumière. La nuit et la destinée de l'âme après la mort sont au cœur du pythagorisme, ce qui n'a pas dû laisser Novalis indifférent. Peut-être même est-ce à cette source-là qu'il a puisé sa conception première des Hymnes *à la nuit.*

Voici alors que les convergences n'intéressent plus seulement trois des échos dont parle Baudelaire, mais quatre. Venus d'horizons différents et apparemment très éloignés, la culture occidentale avec ses prolongements universels, les rapproche et les confond dans une patrie commune bien au-delà des bornes géographiques. Pythagore, Virgile, Dante, Novalis, une quadrilogie unitaire que peu de critiques, à notre connaissance, ont avertie comme telle.

13. Voir à ce sujet notre étude sur les *Géorgiques* de Virgile parue chez L'Harmattan, Paris 2003, appendice.

VI — Courte biographie de l'auteur

Georg Philip Friedrich von Hardenberg naît le 2 mai 1772 à Oberwiederstedt (électorat de Saxe). La famille d'ancienne noblesse vit dans un château. Il est le premier des onze fils du baron Erasmus (1738-1814). Tous mourront de phtisie avant la trentaine, à l'exception d'un seul. Une telle hécatombe n'aura pas été sans influencer la vie intérieure de Novalis qui fera partie du funeste lot. Ainsi tous mourront de tuberculose et donneront dans un piétisme absolu, courant religieux protestant hostile aux Lumières et faisant de la foi une expérience strictement personnelle. Quant à la phtisie, Novalis affirme que l'essence de cette maladie est aussi obscure que celle de la vie. Cette conception ésotérique de l'existence le caractérisera jusqu'à la mort. Toute maladie, affirme-t-il relève de l'âme, comme le feront plus tard Kafka (*Métamorphose*) ou Italo Svevo (*La coscienza di Zeno*). C'est encore la maladie qui, par les souffrances infligées et l'amour suscité en guise de compensation, mène à la religion chrétienne. Dès lors se profile l'image du Christ souffrant et dominant le monde par l'amour. L'intériorisation de la foi qu'exige le piétisme comme expérience strictement personnelle marque tout naturellement son œuvre poétique.

Dès 1781, à l'occasion d'une maladie infantile grave dont il guérit, le poète manifeste une précocité intellectuelle annonciatrice de son élévation spirituelle à venir, conforté en cela par l'exemple du piétisme paternel, nonobstant les idées mondaines d'un oncle, commandeur de l'ordre Teutonique, auprès duquel il se rendra parfois.

Dans les années 1784-1785 il fait des études classiques

et s'essaie à ses premières compositions poétiques. Il lit Wieland.

C'est en 1789 qu'il rencontre G.A. Bürger, auteur de ballades. Lui-même s'adonne à la poésie lyrique. Il reste de cette production juvénile : un fragment intitulé *A Ossian,* des traductions dont la *Géorgique* IV de Virgile, la *Bucolique* IV, *les Odes* I et IV d'Horace, le chant I de *l'Iliade, l'Idylle* I de Théocrite, *l'Olympique* XI de Pindare ; des essais, dont *Sur l'enthousiasme* et une *Apologie de l'exaltation* ; des œuvres dramatiques, des récits en vers, des fables qu'il insérera dans ses futurs romans.

En 1790, il entre au Luthergymnasium à Eisleben puis il s'inscrit à l'université d'Iena pour des études de droit. Il suit les cours de philosophie de Karl Leonard Reinhold et un cours d'histoire qui l'enthousiasme de Friedrich Schiller. Il écrit alors une apologie de F. Schiller. En cette année 1790, Novalis élargit son intérêt à la culture européenne dans son ensemble.

En 1791, il écrit *Les lamentations d'un jeune homme* publiées bientôt dans le *Neuer Teutscher Merkur* de Wieland. Il fait l'éloge de Schiller et écrit diverses poésies dédiées à sa mère, à des jeunes filles et des souverains. En octobre il entre à l'université de Leipzig pour des études de jurisprudence, de mathématique et de philosophie.

En 1792, il rencontre Friedrich Schlegel, dont l'amitié durera jusqu'à sa mort. Schlegel fait de lui un bel éloge dans une lettre adressée à son frère August Wilhelm où il trace de Novalis une description significative en insistant sur ses dons intellectuels, sa vivacité d'esprit, sa facilité d'expression et de communication. Schlegel dit pressentir en lui un grand poète lyrique.

En 1793, il passe à l'université de Wittenberg sur les

conseils de son père Erasmus qui ne tolérait pas ses escapades amoureuses avec la complicité de Schlegel.

1794 : il est diplômé en jurisprudence et se transfère à Tennstedt pour travailler avec l'administrateur du district Caelestin August Just, qui deviendra son ami et premier biographe. À l'occasion d'un voyage au château de Grüningen, il fait la connaissance de la famille Rockenthien et reste subjugué par la rencontre de Sophie von Kühn, âgée de 12 ans, étant née le 17 mars 1782. Novalis affirme que cette rencontre a déterminé pour lui une vie nouvelle : « Un quart d'heure a décidé de ma vie », écrit-il à son frère Erasmus. Le poète Friedrich Schleiermacher donne d'elle une description peu flatteuse, ce qui laisse supposer que Novalis l'a immédiatement idéalisée et transfigurée.

Le 15 mars 1795, Novalis se fiance avec Sophie. Il fait alors la rencontre chez le professeur Niethammer, à Iena, de Johann Gottlieb Fichte et du poète Friedrich Hölderlin qu'il ne rencontrera jamais plus par la suite. En revanche l'influence du philosophe idéaliste Fichte sur Novalis sera durable et déterminante. En octobre 1795, il se met à l'étude de l'œuvre majeure de Fichte *Wissenschafts philosophieslehre* (« Doctrine de la science »). Novalis produira alors des ébauches philosophiques nommées *Fichte-Studien.* Vers la fin de 1795, il est nommé à Weissenfels. C'est alors que Sophie von Kühn tombe gravement malade.

En novembre 1796, Novalis poursuit son étude de Fichte et suit un cours de chimie à Langensalza avec Johann C. Wiegleb. Cet engouement pour les sciences sera durable et influencera sa réflexion philosophique, ce qui n'empêche pas Schlegel de le définir comme un instable. Quoi qu'il en soit, l'attrait pour les sciences naturelles relègue au second plan la philosophie, quoique Novalis tâche de conjuguer l'une et les autres dans un semblant d'unité par des considérations ésotériques et théosophiques. Or voici que dans une lettre adressée à Schlegel en juillet 1796 il écrit : « *Mon étude préférée s'appelle comme ma fiancée. Sophie s'appelle Philosophie. C'est l'âme de mon existence et la clef de mon plus authentique soi* ». On ne pouvait mieux se référer à Dante qui dans son *Convivio* dit expressément que Béatrice représente la philosophie. C'est dans cette même lettre qu'il parle d'un cercle magique formé par Spinoza et Zuidendorf comme explorateurs du souffle créateur de l'amour. Fichte ne tarde pas à s'associer à eux. Les *Hymnes à la nuit* reprennent cette question de la magie recréatrice du monde par l'amour.

Hélas, pendant l'été 1796, Sophie von Kühn fait une rechute en maladie et subit plusieurs interventions chirurgicales.

L'année 1797 sera vraiment fatale pour le poète. En novembre il écrit à Schlegel que Sophie n'a plus que quelques jours à vivre. Paralysé par la douleur il sombre dans l'angoisse et l'indifférence, dit-il. Le désespoir lui trouble l'entendement et les sciences semblent impuissantes à contrarier son dégoût pour la vie. Il ne trouve plus de repos que dans le sommeil. Mais encore, dans cette même lettre, il affirme entrevoir sa propre mort. « *Adieu, mon bon Schlegel* », dit-il pour finir.

C'est le 27 mars 1797 que meurt Sophie von Kühn, âgée de 15 ans. Nous estimons que le rapprochement avec la *Vita nuova* de Dante s'impose plus que jamais[14]. Novalis n'apprend la nouvelle de cette mort que le 21 mars et son frère Karl affirme dans sa biographie qu'il continua à pleurer pendant huit jours et huit nuits. Et voici que le 14

14. Nous renvoyons à ce sujet à notre édition de l'œuvre du Dante, à Paris, Orizons, 2013.

avril 1797, décède aussi celui de ses frères qui lui était le plus proche: Erasmus. Dans l'esprit du poète la mort de Sophie prend immédiatement une dimension cosmique et philosophique. Il peut ainsi affirmer que cette mort a été la clef de toutes choses et qu'il éprouve une joie immense à être près de sa tombe. L'idée de la mort salvatrice du monde et de lui-même ne fait qu'aviver son amour jusqu'à la félicité suprême. C'est une flamme qui consume toutes choses terrestres et il tarde au poète de rejoindre la bien-aimée dans le tombeau.

Le 18 avril 1797, Novalis commence la rédaction d'un journal qui se continuera jusqu'au 6 juillet. On y apprend qu'il a lu le *Wilhelm Meister* de Goethe et le *Nachtgedanken* de Young ainsi que Schilling, Horace et Fichte dont il affirme avoir saisi le concept du moi profond. Le poète précise encore dans son journal la nature du drame vécu par lui après la mort de Sophie : le monde lui est devenu étranger et même indifférent, de sorte qu'il en résulte une absence de douleur et l'impossibilité d'aimer. Le monde est mort avec Sophie et cette association de l'amour dans la mort permet au poète d'achever son journal par ces mots : «*Christ et Sophie*».

Voici d'ailleurs que, pour achever cette association, se produit, à l'occasion d'une visite à la tombe de Sophie, une épiphanie mystique que l'on retrouvera dans le troisième des *Hymnes à la nuit*.

Ce terrassement n'empêche pas le poète de trouver une échappatoire pour maintenir le soi en bonne forme et mourir heureux. Pour cette reprise en main il énumère dans son journal une frénétique agitation intellectuelle : lecture du critique d'art Frans Hermsterhuis qui va introduire le platonisme dans la culture allemande. Novalis lit l'œuvre philosophique d'Emmanuel Kant, Schelling et, en novembre il écrit à Schlegel pour se plaindre de Fichte. Il lit cependant le médecin écossais John Brown et envisage un projet de philosophie commune avec Schlegel. Finalement il s'inscrit à l'académie minérologique de Freiberg où il étudie les sciences naturelles, la physique, la chimie, la géologie, l'économe, la jurisprudence et autres. Pour la première fois il rencontre August Wilhelm Schlegel et sa femme Caroline Böhmer, fameuse animatrice d'un cercle romantique. Pour conclure, cette année 1797, qui avait commencé de la façon la plus dramatique avec la mort de Sophie, s'achève sur une surabondance d'activités telle qu'elle nous laisse désorientés : qui est donc Novalis ?

À partir de 1798, loin de sombrer dans le désespoir et mettre en acte son désir de rejoindre la bien-aimée dans la tombe, le poète, sans doute pour combler le vide laissé par la chère disparue, persévère dans son activité intellectuelle fébrile (dont il serait trop long de donner ici le détail)[15] et en liant de surcroît amitié avec les esprits les mieux doués d'alors. C'est aussi son activité créatrice qui s'amplifie en produisant l'essentiel de son œuvre romanesque et poétique, dont *Hymnen an die Nacht.* Notons au passage qu'au mois de décembre 1798 il rencontre la famille de l'administrateur F.von Charpentier et sa fille Julie (1776-1811) âgée de 22 ans avec laquelle il se fiance sans aucune conséquence pour le rapport mystique du poète avec le souvenir de Sophie von Kühn.

L'année 1798 s'achève sur une débauche d'activité philosophique concernant Plotin qu'il dit lui être plus cher que Kant et Fichte réunis.

En 1799, il fait la connaissance de Ludwig Tieck tout

15. Nous renvoyons les lecteurs désireux d'en savoir davantage à notre bibliographie concernant la vie et l'œuvre de Novalis.

en continuant à philosopher avec son très cher Schlegel. Il commence la composition de ses *Geistliche Lieder* («Chants spirituels») et continue de s'entretenir avec les meilleurs de ses contemporains sur le Christianisme et sa vocation rédemptrice du monde. Vers la fin de l'année 1798 il s'attelle au roman *Heinrich von Ofterdingen* qu'il considère devoir être l'apothéose de la poésie.

1800 : Son activité ne connaît pas de pause. Il continue son journal et achève la rédaction des *Hymnen an die Nacht*. Mais sa maladie, la tuberculose, s'aggrave. Les médecins le tiennent finalement pour incurable et c'est dans cet état qu'il apprend le suicide de son frère Bernhard par noyade dans le fleuve Saale.

En 1801, ses conditions continuent de s'aggraver à Dresde. Il revient à Weissenfels sur l'insistance de son père et, malgré l'état où il se trouve, il n'en continue pas moins à faire des projets d'études et d'écriture, notamment une suite à son *Ofterdingen*. Sa dernière lettre est de février 1801. Il meurt paisiblement le 25 mars en présence de son frère Karl et de Friedrich Schlegel arrivé deux jours auparavant. Il reste de lui un portrait rédigé de mémoire par le norvégien Henrick Steffens.

Les Hymnes à la nuit

Pour la traduction nous avons choisi en ce qui concerne le texte allemand l'édition de Susanna Mati parue dans I Classici, chez Feltrinelli, Milano 2012. La traduction, prose et poésies, peut comporter des notes en bas de page. La disposition typographique de la prose et des poésies suit celle des vers allemands, sauf exceptions. La traduction que nous proposons étant destinée à un assez large public, nous avons réduit l'apparat critique à l'essentiel.

1 — Quel être vivant, doué de bon sens, n'aime pas, parmi toutes les manifestations magiques de l'espace qui l'environne, la toute joyeuse lumière — avec ses couleurs, ses rayonnements et ses fluctuations ; sa douce omniprésence, comme jour qui réveille. Comme l'âme la plus intime de la vie, le monde gigantesque des constellations sans repos, la respire, et nage en dansant dans son flot bleu — la respirent la pierre scintillante d'éternel repos, la plante sensitive absorbante, et l'animal sauvage multiforme — mais avant tous le splendide étranger avec les yeux débordants de sens, la marche légère, les lèvres tendrement closes, riches de sons. Comme un roi de la nature terrestre, elle appelle toute force pour d'innombrables transformations, noue et dénoue d'infinies alliances, enveloppe toute créature terrestre de son image céleste. — Sa seule présence manifeste l'enchantement des royaumes du monde. Loin de là je me tourne vers la sainte, ineffable, secrète Nuit. Loin gît le monde — enfoui dans un profond tombeau — déserte et solitaire est sa demeure. Dans les cordes de la poitrine souffle une profonde mélancolie. Je veux m'abîmer dans des gouttes de rosée et me mêler à la cendre. — Lointains de la mémoire, désirs de la jeunesse, rêves de l'enfance, joies

brèves et vaines espérances de toute la longue existence viennent en vêtements gris, comme brouillard vespéral après le coucher du soleil. En d'autres espaces la lumière a dressé ses tentes joyeuses. Ne reviendra-t-elle jamais auprès de ses enfants, qui attendent avec l'innocence de leurs espérances ?

Qu'est-ce qui jaillit à l'improviste si plein de menace sous le cœur et avale l'air léger de la mélancolie ? Trouves-tu toi aussi quelque plaisir en nous, sombre Nuit ? Que tiens-tu sous ton manteau, qui me va avec une invisible force à l'âme ? Un délicieux baume sourd de ta main, du bouquet de pavots. Tu déploies les lourdes ailes de l'âme. Nous nous sentons remués sombrement indiciblement — je vois un visage sévère avec joyeuse appréhension, qui se penche sur moi tendre et méditatif, et qui sous les boucles infiniment tressées manifeste la chère jeunesse de la mère. Comme pauvre et puérile me paraît le lumière maintenant — comme agréable et béni le départ du jour — Et seulement pour ce que la Nuit détourne de toi les fidèles, que tu as semé dans l'immensité de l'espace les sphères resplendissantes, pour annoncer ta toute puissance — ton retour — dans les temps de ton éloignement. Célestes, comme chaque étoile éclatante, nous semblent les yeux infinis que la Nuit ouvre en nous. Ils voient plus loin que les plus pâles de ces innombrables troupes — sans besoin de lumière ils pénètrent les profondeurs d'une âme aimante — ce qui remplit d'indicible volupté un espace plus élevé. Récompense de la reine du monde, de la haute annonciatrice de mondes sacrés, de la gardienne de l'amour béni — elle t'envoie à moi — tendre aimée — cher soleil de la Nuit, — maintenant je veille — car je suis tien et mien — tu m'as révélé que la Nuit est vie — tu m'as fait homme — consomme avec ardeur mon corps, de sorte que moi aérien je me mêle plus intimement à toi et qu'ensuite éternellement dure la Nuit nuptiale.

2 — Doit-il toujours revenir le matin ? La violence terrestre ne finira-t-elle jamais ? Une néfaste agitation dévore le vol céleste de la nuit. La secrète victime de l'amour ne brûlera-t-elle jamais pour l'éternité ? Son temps fut à la mesure de la lumière ; mais intemporel et sans espace est la domination de la nuit. — Éternelle est la durée du sommeil. Sacré sommeil — ne récompense pas trop rarement les initiés de la nuit dans cette quotidienne et terrestre besogne. Seuls les fols te méconnaissent et n'ont connaissance de sommeil, comme ombre que tu jettes sur nous à chaque crépuscule de la vraie nuit avec pitié. Ils ne se sentent pas dans le flot doré des grappes — dans l'huile prodigieuse de l'amandier et dans le suc brun du pavot. [1] Ils ne savent pas que tu flottes autour du tendre sein de la jeune fille et que tu fais un ciel de ce giron — ils ne présagent pas que tu proviens d'antiques légendes en ouvrant le ciel et que tu portes la clef aux demeures des bienheureux, annonciateur silencieux de mystères infinis.

3 — Un jour[2] que je versais d'amères larmes , que l'espérance s'écoulait dissoute en chagrin, et que seul je me tenais près de l'aride tumulus, qui cachait dans un étroit espace la forme de ma vie — seul, comme nul ne le fut jamais, tourmenté d'indicible angoisse — sans force, rien

1. Dans l'opium l'homme peut avoir un avant-goût de l'immersion dans la nuit mystique, complice du sommeil.
2. Le 13 mai 1797, jour de l'expérience mystique sur la tombe de Sophie à Grüningen, Novalis entrevoit sa mort pour rejoindre Sophie, symbole du Christ.

plus que l'essence de la misère. — Comme je cherchais là de l'aide en regardant tout autour, je ne pouvais ni avancer ni reculer, je m'agrippais à la vie fuyante, éteinte avec une nostalgie infinie : — alors du lointain bleu — des hauteurs de mon antique béatitude un frisson crépusculaire — et d'un coup se brisa le cordon de la naissance — le lien de la vie. La grandeur terrestre s'enfuit et mon deuil avec — la mélancolie conflua en un monde nouveau impénétrable — toi extase de la nuit, ensommeillement du ciel tu vins sur moi — la contrée se souleva doucement, au-dessus de la contrée planait mon esprit délié et régénéré. Le tumulus devint un nuage de poussière — à travers les nuages je voyais les traits transfigurés de la bien-aimée. Dans ses yeux reposait l'éternité — je saisis ses mains et les larmes devinrent un lien étincelant et imbrisable. Des millénaires s'en allaient dans le lointain, comme ouragan. À son cou je pleurai des larmes ravissantes pour la vie nouvelle[3]. C'était le premier, l'unique rêve — et depuis lors je sentis une éternelle, inaltérable foi dans le ciel de la nuit et dans sa lumière, l'aimée.

4 — Maintenant je sais, quand ce sera le dernier matin — quand la lumière ne craindra plus la nuit et l'amour — quand le sommeil sera éternel et seulement un rêve inépuisable. Je sens en moi une céleste lassitude — long et épuisant fut pour moi le pèlerinage à la tombe sacrée, oppressante la croix.

L'onde cristalline, qui, insaisissable au sens commun, jaillit dans le sombre sein du tumulus, au pied duquel se brise le flot terrestre, celui qui l'a goûtée, qui s'est tenu haut

3. Il s'agit selon nous d'une allusion à *la Vita nuova* de Dante Alighieri. Voir aussi L. Vicentini, *Due canti dei morti, Alfieri e la Sturm und Drang*, Firenze 1966.

sur la frontière du monde et a regardé en bas dans le nouveau pays, dans la demeure de la nuit — celui-là vraiment ne reviendra pas dans les turbulences du monde, dans le pays où la lumière est dans une éternelle inquiétude.

Là haut il se construit des cabanes, des cabanes de paix, il s'abandonne à la nostalgie et aime, il regarde au-delà jusqu'à ce que la plus agréable de toutes les heures le tire en bas au jaillissement de la source — ce qui est terrestre émerge, est refoulé par les tempêtes, mais ce qui devint sacré par l'effet de l'amour court liquéfié par des chemins occultes vers le domaine de l'au-delà, où, comme des vapeurs, il se mêle aux amours assoupis. Encore tu éveilles, joyeuse lumière, le fatigué pour le travail — tu injectes en moi une vie joyeuse — mais tu ne m'arraches pas au monument mousseux du souvenir. Volontiers je veux agiter les mains industrieuses, regarder tout autour où tu as besoin de moi — glorifier la perfection entière de ta splendeur — suivre infatigablement le bel agencement de ton œuvre d'artiste — volontiers observer le cours sensé de ton horloge puissante et lumineuse — sonder la planification des forces et les normes du jeu magique d'innombrables espaces et de leurs temps. Mais fidèle à la nuit reste mon cœur secret et à l'amour créateur, son fils. Peux-tu me montrer un cœur éternellement fidèle ? Ton soleil a-t-il des yeux amis, qui me reconnaissent ? Tes étoiles saisissent-elles ma main suppliante ? Me redonneront-elles une tendre pression et une parole aimable ? L'as-tu ornée avec des couleurs et un léger contour — ou bien est-ce elle qui donna à ton ornement une signification plus haute, plus chère ? Quelle volupté, quel plaisir offre ta vie, qui compensent les ravissements de la mort ? Tout ce qui nous exalte ne porte-t-il pas la couleur de la nuit ? Elle te porte maternellement et tu lui dois toute ta magnificence. Tu t'évanouirais en toi-même — tu te perdrais dans l'espace infini, si elle ne te liait pas, afin que tu t'échauffes et t'enflammant tu crées le monde. En vérité j'étais avant que tu ne sois — la mère m'a envoyé avec mes frères pour habiter le monde, le sanctifier avec amour, afin qu'il devienne un monument contemplé pour l'éternité — le planter de fleurs qui ne fanent pas. Ces pensées divines ne sont pas encore mûres. — Encore insuffisantes sont les traces de notre révélation — Un jour ton horloge montrera la fin du temps, quand tu deviendras l'un des nôtres et, plein de nostalgie et de ferveur, tu t'éteindras et mourras. En moi je sens la fin de ton activité — céleste liberté, retour béni. Dans de sauvages tourments je reconnais ton éloignement de notre patrie, ta résistance au ciel antique et seigneurial. Ta fureur et ta rage sont vaines. Ininflammable s'élève la Croix — Une bannière triomphante de notre race.

Je passe au-delà
et chaque douleur
un jour sera
aiguillon de la volupté.
Encore un peu de temps,
et serai libéré,
gisant ivre
au sein de mon aimée.
Vie sans fin
bouillonne puissante en moi,
d'en haut je regarde

là-bas vers toi.
À chaque tertre
s'éteint ton éclat—
Une ombre apporte
la rafraîchissante couronne.
Avec force absorbe-moi,
bien-aimée,
afin que je m'endorme
et puisse aimer.
Rajeunissant je sens
le flot de la mort,
mon sang se mue
en baume et en éther—
Le jour je vis
plein de foi et courage,
les nuits je meurs
dans une ardeur sacrée.

5—(Tonalité *épique)* Sur les races largement répandues des hommes régnait avant les temps un destin d'acier avec muette violence. Un sombre lien pesant enserrait leur âme angoissée—Illimitée était la terre—séjour des dieux et leur patrie. De toute éternité se dressait leur mystérieuse construction. Sur les rouges montagnes du matin, dans le sein sacré de la mer habitait le soleil, la lumière de vie qui tout embrase. Un antique géant portait le monde sacré. Solidement enfouis sous les montagnes gisaient les premiers fils de la terre-mère. Impuissants dans leur rage destructrice contre la nouvelle, seigneuriale engence des dieux et leurs conjoints, les hommes bienheureux. La verte, sombre profondeur de la mer était le sein d'une déesse. Dans les grottes cristallines vivait en liesse un peuple luxuriant. Fleuves, arbres, fleurs et animaux avaient la sensible intelligence des hommes. Douce était la saveur du vin offert par une évidente pleine jeunesse — Un dieu dans les grappes — une aimable, maternelle déesse , surgissait en pleines gerbes dorées — l'ivresse sacrée de l'amour un doux service de la plus belle d'entre les déesses — une éternelle fête multicolore des fils du ciel et des habitants de la terre remuait la vie, comme un printemps au fil des siècles[4] — Toutes les races honoraient de façon infantile la tendre flamme aux mille replis, comme la cime du monde[5]. Ce n'était qu'une seule pensée, une image onirique horrifiante

Qui vint terrible aux heureuses tables
Et l'âme de sauvage frayeur envahit.
Là n'avaient aucun remède les dieux eux-mêmes
Pour conforter les cœurs angoissés.
De ce démon le sentier était mystérieux
Ni supplique, ni offrande aucunes
N'apaisait sa fureur ;

4. Novalis reprend toute la théogonie hellénique telle qu'Hésiode nous la chante dans sa *Théogonie*. Voir aussi G. Leopardi «*Primavera o delle favole* antiche», 1824.
5. Dans *Heinrich von Ofterdingen* la flamme est le symbole de l'harmonie universelle. Voir aussi notre article «*L'harmonie cosmique virgilienne et l'œuvre d'Auguste*».

C'était la mort qui avec angoisse,
Brisa, douleur et larmes, ce festin joyeux.

Ores éternellement exclus de tout
Ce qui remue le cœur ici d'un doux plaisir,
Séparé des êtres chers, qui ici-bas
Suscite inutile nostalgie, longue douleur,
Au mort seul un rêve incolore sembla voué,
À lui seule vaine lutte destinée.
Était brisé le flot du plaisir
Contre le roc de peines infinies.

Avec esprit d'audace et haute ardeur
S'embellit l'homme l'épouvantable larve,
Un tendre enfant la flamme éteint et repose —
Tendre devient la fin, comme souffle d'harpe.
S'émousse le souvenir comme flux d'ombre fraîche,
Ainsi disait le chant à la Parque affligée.
Mais indéchiffrée resta l'éternelle nuit,
Sévère signe d'une lointaine puissance.

Le vieux monde déclinait vers sa fin. Le délicieux jardin de la jeune engeance se fanait — aspiraient à un espace plus libre, désert, les hommes sortis de l'enfance et grandissants. Les dieux disparaissaient avec leur suite — seule, sans vie s'étendait la nature. Le nombre aride et la stricte mesure l'enserraient avec une chaîne d'acier. L'incalculable fleuraison de la vie s'en allait en paroles obscures comme en poussière et en airs. Envolée s'était la foi adjurée et sa compagne céleste qui tout transmue et accommune, la fantaisie. Inamical soufflait un vent du nord froid sur la campagne engourdie, et l'engourdie patrie magique s'évanouit dans l'éther. Les lointains du ciel s'emplirent de mondes lumineux. Dans le sanctuaire plus profond, dans le plus haut espace de l'esprit s'en alla l'âme du monde avec ses pouvoirs — pour gouverner là-bas depuis le lever de la magnificence du jour. La lumière ne fut plus demeure des dieux et signe céleste — ils jetèrent sur eux le voile de la nuit. La nuit devint le sein des puissantes révélations — en lui revinrent les dieux — ils s'endormirent, afin de resurgir en formes plus splendides et nouvelles sur le monde transformé. Dans le peuple, qui, plus méprisé de tous, qui avait mûri trop tôt et était devenu profondément étranger à la sainte innocence de la jeunesse, [6] apparut avec un visage jamais vu le monde nouveau — dans la pauvreté d'une poétique cabane — un fils de la première Vierge mère — fruit infini d'une étreinte pleine de mystère. La sagesse richement fleurie et prophétique de l'Orient reconnut d'abord le début d'une ère nouvelle — vers l'humble berceau du roi une étoile lui montra le chemin. Au nom du vaste avenir ils lui rendirent hommage avec splendeur et arômes, les plus hauts prodiges de la nature. Solitaire le cœur céleste se déploya dans un calice d'amour tout puissant — voué au visage élevé du père et reposant sur le sein bienheureux de prodiges de la mère aimablement sévère. Avec ferveur divine l'œil prophétique du fleurissant enfant regardait les jours de l'avenir, vers ses bien-aimés, les

6. Il s'agit du peuple hébreu.

pousses de la race divine, insouciant du terrestre destin de ses jours. Bientôt les esprits les plus enfantins merveilleusement saisis d'amour intime se rassemblèrent autour de lui. Paroles inépuisables et les plus heureuses nouvelles tombèrent comme étincelles d'un esprit divin de ses lèvres amies. D'une côte lointaine, né sous le ciel serein de l'Hellade, vint un chantre en Palestine et offrit tout son cœur à l'enfant miraculeux :

Tu es l'adolescent, qui depuis longtemps
Se tient sur nos tombes, profondément soucieux ;
Un signe réconfortant dans cette ténèbre
Le commencement joyeux d'une plus haute humanité.
Ce qui nous a plongés dans profonde tristesse
Nous élève de là-bas avec doux réconfort.
Dans la mort nous fut annoncée la vie éternelle,
Tu es la mort et nous donnes désormais le salut.

Le chantre plein de joie s'en alla vers l'Indoustan — le cœur ivre de suave amour ; et le versait en chants de feu sous ce tendre ciel, si bien que des milliers de cœurs se penchaient vers lui, et la bonne nouvelle s'éleva en mille rameaux. Bientôt après le départ du chantre la vie précieuse devint une victime de la profonde décadence humaine — Il mourut en pleine jeunesse, arraché au monde qu'il aimait, à sa mère en larmes et à ses amis interdits. La bouche aimable vida la coupe de l'ineffable angoisse — Dans l'angoisse atroce approchait l'heure de la naissance du nouveau monde. Durement il lutta avec la frayeur de la vieille mort — Lourd pesait sur lui le poids du monde ancien. Encore une fois il regarda avec amour vers sa mère — alors vint la main libératrice de l'éternel amour — et il s'endormit. Seulement pour peu de jours un voile profond s'épandit sur la mer mugissante, sur le pays tremblant — larmes infinies versèrent les aimés — révélé fut le secret — des esprits célestes soulevèrent la très ancienne pierre de l'obscur sépulcre — Des anges étaient assis près du dormeur — tendrement tirés de ses rêves — Réveillé à une nouvelle magnificence il gravit la hauteur du monde nouveau-né — il ensevelit de sa propre main le cadavre de l'ancien dans la caverne abandonnée et posa de sa toute puissante main la pierre dessus, qu'aucune force ne soulève.[7]

Encore très aimés versent larmes de joie, larmes d'émotion et d'infinie gratitude près de ta tombe — ils te voient encore avec joyeuse épouvante resurgir — et eux-mêmes avec toi ; ils te voient pleurer avec douce ferveur au sein sacré de la mère, marcher grave avec les amis, dire paroles, comme cueillies à l'arbre de la vie ; ils te voient te hâter plein de désir dans les bras du père, portant la jeune humanité, et le calice inépuisable de l'avenir doré.[8] La mère se hâta derrière toi — en céleste triomphe — Elle était la première dans la nouvelle patrie près de toi. De longues périodes s'écoulèrent depuis, et ta nouvelle création se mouvait dans un éclat toujours plus élevé — et des milliers sortirent des douleurs et des tourments, pleins de foi et de nostalgie et de fidélité derrière toi — ils avancent avec toi et la Vierge céleste dans le royaume d'amour — ils

7. Christ ferme le tombeau du vieux monde irrémédiablement.

8. *Cf.* le retour de l'âge d'or des païens.

servent dans le temple de la mort céleste et sont tiens pour l'éternité.

La pierre est levée —
L'humanité est resurgie —
Nous tous restons tiens
et ne sentons plus de liens.
La plus âpre peine fuit
de ta coupe dorée,
si terre et vie s'amollissent
dans la dernière lèvre.

La mort appelle aux noces —
Les lampes resplendissent —
Les vierges sont en place
L'huile ne manque pas —
Que le lointain résonne
de ton cortège dès lors,
et que les étoiles nous appellent
avec langues et voix humaines !

Depuis vers toi, Marie, se lèvent
Mille cœurs.
Dans cette vie ténébreuse
Ils n'aspirent qu'à toi
Ils espèrent guérir

avec prophétique plaisir—
que toi, créature sacrée,
tu les serres sur ton sein.

O combien, consumés en brûlant
Dans amère tourment,
Et fuyant de ce monde,
Vers toi se sont tournés;
Qui vins à notre secours
Dans bien des détresses et des peines—
Maintenant nous venons à eux
Pour éternellement être là.

Maintenant à aucune tombe ne pleure
De douleur, qui croit en aimant.
Le doux bien de l'amour
À nul n'est arraché—
Pour apaiser sa nostalgie
La nuit l'inspire—
Par les fidèles fils du ciel
Le cœur lui est réveillé.

Courage, la vie est en marche
Pour éternellement vivre;
Dilaté par une intime flamme
Notre esprit s'éclaire.

Le monde des étoiles s'écoulera
En vin doré de vie,
Nous pourrons en profiter
Et être claires étoiles.

L'amour est librement donné,
Et plus de séparation.
La vie coule à pleins flots
Comme une mer illimitée.
Seule une nuit de joie —
Une éternelle poésie —
Et de nous tous soleil
Est le visage de Dieu.

6 — Aspiration à la mort
Là-bas dans le sein de la terre,
Loin du royaume de lumière,
Le déferlement et le coup sauvage des douleurs
Sont signes de joyeux départ.
Nous venons dans la barque étroite
En hâte aborder le ciel,

Louée sois-tu, éternelle nuit,
Loué éternel sommeil.
C'est bon le jour nous a donné chaleur,
Et nous a fané le long chagrin.

Le goût des terres lointaines nous a quittés,
Nous voulons aller à la maison du Père.

Qu'avons-nous affaire en ce monde
Avec nos amour et fidélité.
L'ancien sera emporté,
Que nous importe dès lors le nouveau.
Oh ! Solitaire et profondément triste se tient
Qui avec ardeur et dévotion aime l'ancien.

L'ancien où les sens lumineusement
Brûlaient en hautes flammes,
Du Père main et visage
Les hommes encore connaissaient.
Et encore plus d'un de haut esprit, simple,
Ressemblait à son archétype.
L'ancien, où encore riches de floraisons
Resplendissaient vétustes souches,
Et les enfants pour le royaume des cieux
Aspiraient au tourment et à la mort.
Et si même plaisir et vie parlaient
Plus d'un cœur d'amour se brisait.

L'ancien, lorsque dans l'ardeur de la jeunesse
Dieu-même s'est révélé
Et à la mort précoce dans la force de l'amour

A consacré sa douce vie.
Et ni angoisse ni douleur n'a repoussé de lui,
Par quoi à nous seulement il est resté cher.

Avec craintive nostalgie nous le voyons
Enveloppé dans l'obscure nuit,
Dans cette temporalité jamais ne sera
L'ardente soif apaisée.
Nous devons vers la patrie aller,
Pour voir ce temps sacré.

Qu'est-ce qui retarde encore notre retour,
Les plus chers reposent depuis longtemps déjà.
Leur tombeau clôt le cours de notre vie,
C'est l'heure maintenant de la souffrance et de la peur.
À rechercher nous n'avons plus rien —
Le cœur est comble — le monde est vide.

Infini et mystérieux
Nous parcourt un doux frisson —
Il me semble, des profondeurs lointaines envoie
Un écho notre deuil.
Nos aimés aussi désirent ardemment
Et nous ont envoyé l'haleine de la nostalgie.

Là-bas vers la douce épousée,
Vers Jésus, le bien-aimé —
Confiance, le crépuscule du soir pointe
Pour les épris, les affligés.
Un rêve brise notre lien
Et nous envoie dans le giron du Père.

Chants spirituels

Comme pour les *hymnes à la nuit* notre texte de base pour la traduction des *chants spirituels* est celui de Susanna Mati, précédemment indiqué.

1

Que serais-je devenu sans toi,
Sans toi, que ne serais-je pas ?
Voué à la peur et à l'angoisse,
Je serais dans le vaste monde seul.
En rien je ne saurais avec certitude quoi aimer,
L'avenir serait un sombre abîme ;
Et si mon cœur se troublait profondément,
À qui confierais-je mon souci ?

Seul rongé d'amour et de désir,
Chaque jour me semblerait la nuit ;
Je suivrais seulement à chaudes larmes
Le cours sauvage de la vie.
Je trouverais tourment dans le tumulte,
Et affliction désespérée chez moi.

Qui supporterait sans ami au ciel
Qui endurerait ici sur la terre ?

Christ s'est révélé à moi,
Et je suis sûr de sa présence,
Comme rapidement une lumineuse vie
Détruit la ténèbre terrassée.
Avec lui me voici devenu homme ;
Le destin est à travers lui transfiguré,
Et l'Inde même doit au nord
Fleurir avec bonheur autour de l'aimé.

La vie se change en heure d'amour,
Le monde entier parle d'amour et joie.
Une herbe salutaire croit pour chaque blessure,
Et chaque poitrine palpite libre et comblée.
Pour ses mille présents
Je reste son très humble fils,
Certain de l'avoir parmi nous,
Même si nous ne sommes que deux à nous rassembler.

Oh ! Allez par tous les chemins,
Et ramenez-nous les égarés,
Tendez votre main à chacun
Et invitez-le aimablement chez nous.

Le ciel est chez nous sur terre,
Dans la foi nous le contemplons ;
Ceux qui avec nous embrassent une foi
À eux aussi il est ouvert.

Un vieil et lourd délire de péché
Était étroitement lié à notre cœur ;
Nous errions dans la nuit comme aveugles,
Embrasés à la fois de remords et de joie.
Toute œuvre nous semblait délit,
L'homme être ennemi des dieux,
Et si le ciel semblait nous parler,
Il ne nous parlait que de mort et de peine.

Le cœur, riche source de vie,
Un être malfaisant l'habitait ;
Et si la clarté se faisait dans notre esprit,
Le gain n'en était qu'inquiétude.
Un lien d'acier enserrait à la terre
Les prisonniers tremblants ;
Peur de la justicière épée de la mort
Avalait l'espérance restante.

Alors vint un Sauveur, un libérateur,
Un fils de l'homme, plein d'amour et de puissance,
Et il a dans notre esprit suscité

Un feu vivifiant.
Seulement alors nous vîmes le ciel ouvert,
Comme notre ancienne patrie,
Nous pûmes alors croire et espérer,
Et nous nous sentîmes apparentés à Dieu.

Depuis, dissipé en nous le péché,
Chaque pas nous fut joyeux ;
Fut offerte aux fils comme le plus beau don cette foi ;
Par lui la vie sanctifiée s'écoulait
Comme un rêve bienheureux,
Et, voués éternellement à l'amour et à la joie,
On s'apercevait à peine du départ.

Encore se tient dans la sublime splendeur
Ici le saint bien-aimé.
Touchés par sa couronne d'épines
Et sa fidélité nous pleurons.
Tout homme qui serre avec nous sa main
Nous est bien venu, et, reçu en son cœur
Avec nous, devient
Fruit mûr du paradis.

2

Loin en orient se fait clarté,
Les ères grises rajeunissent ;
De la source éclatante des couleurs
Une longue et profonde gorgée !
Sainte satiété d'antique nostalgie,
Amour suave dans la divine transfiguration !

Enfin descend sur la terre le bienheureux
Enfant de tous les cieux,
Il crée dans le chant et souffle à nouveau
Un vent de vie autour de la terre,
Il souffle et amasse en nouvelles
Flammes d'éternelle clarté des étincelles
Depuis longtemps dispersées.

Partout jaillissent des sépulcres
Nouvelle vie, nouveau sang ;
Pour nous offrir une éternelle paix
Il plonge dans le flux de la vie ;
Il se tient les mains pleines au milieu,
Attendant plein d'amour chaque prière.

Il laisse ses tendres regards
Pénétrer profondément ton âme,

Et de son éternelle joie
Tu dois te laisser saisir.
Tous les cœurs, les esprits et les sens
Vont commencer une nouvelle dance.

Saisis sans crainte ses mains,
Imprime en toi son visage,
Tu dois toujours te tourner vers lui,
Fleur vers rayon de soleil ;
Pourvu que tu lui révèles tout ton cœur,
Il reste à toi comme une épouse fidèle.

Il est maintenant devenu notre,
Divinité, qui nous a souvent effrayés,
Au sud et au nord il a vite éveillé
Les germes du ciel,
Et ainsi dans la complétude du jardin de Dieu
Il nous laisse fidèlement prendre soin
De chaque bourgeon et chaque bouture.

3

Qui solitaire est assis dans sa chambre,
Et pleure de lourdes larmes amères,
À qui n'est coloré que d'angoisse et de peine
L'environnement lui apparaît tout autour ;

Qui dans l'image des temps passés
Regarde profond comme dans un abîme,
Dans lequel de tous côtés l'entraîne vers le bas
Une suave douleur ; —
C'est comme si de merveilleux trésors
Gisaient là entassés pour lui,
Vers le château desquels avec un
Sauvage désir il tend la main la poitrine essoufflée.

L'avenir gît dans un brûlant désert
Horriblement étendu et effrayant devant lui,
Il erre tout autour, solitaire et vagabond,
Et se cherche lui-même avec impétuosité.

Je lui tombe en pleurant dans les bras :
Comme pour toi, ce fut aussi mon état autrefois,
Mais j'ai guéri de ma détresse,
Et le sais maintenant, où on se repose éternellement.

Toi, comme moi, doit consoler un être
Qui toujours aima, souffrit et mourut
Mille fois joyeux même pour celui qui lui avait
Fait le plus grand mal.

Il mourut et cependant chaque jour
Tu sens lui et son amour,
Et tu peux avec confiance en toute situation
Le serrer tendrement dans tes bras.

Avec lui viennent nouveau sang et vie
Dans ton ossuaire de mort ;
Et si tu lui as donné ton cœur
Le sien aussi est tien pour l'éternité.

Ce que tu as perdu, lui l'a trouvé ;
Tu trouves chez lui ce que tu as aimé :
Et pour l'éternité reste lié à toi
Ce que sa main te redonna.

4

Entre les mille heures joyeuses
Qu'ainsi j'ai cueillies dans la vie,
Ne m'en est resté qu'une encore fidèle ;
Une quand par mille douleurs j'ai su
Qui pour nous était mort.

Mon monde était pour moi brisé,
Comme par un ver consumés
Fanèrent en moi cœur et floraison ;
Tout le bien de ma vie,
Tout désir gisait dans la tombe,
Et pour mon tourment j'étais encore ici.

Puisque ainsi j'étais secrètement malade,
Toujours pleurant, le cœur ailleurs,
Que je ne restais que pour angoisse et errements :
Soudain comme d'en haut la pierre
Du tombeau fut enlevée,
Et mon être intime entr'ouvert.

Qui je vis et qui j'aperçus à sa main,
Nul ne le demande,
Je ne verrai que cela pour l'éternité ;
Et de toutes les heures de ma vie

Celle-là seule, comme ma blessure,
Sera éternellement sereine, ouverte.

5

Si je n'ai que lui,
Si lui seul est mien,
Si mon cœur jusqu'au tombeau
Jamais n'oublia sa fidélité ;
Je ne sais rien de la souffrance,
Je ne sens rien, comme prière, amour et joie.

Si je n'ai que lui,
Je laisse tout volontiers,
Avec mon bâton de voyageur
Fidèle intentionné seulement pour mon Seigneur ;
Je laisse les autres aller tranquilles les
Routes vastes, lumineuses, remplies.

Si je n'ai que lui,
Je m'endors heureux,
Éternellement douce délectation
Le flux de son cœur sera pour moi,
Qui avec douce coercition
Tout il attendrira et pénétrera.

Si je n'ai que lui,
Je possède aussi le monde ;
Bienheureux, comme un enfant du ciel,
Qui tient le voile de la Vierge.
Perdu dans la contemplation
Je ne puis avoir d'horreur face au terrestre.

Où je n'ai que lui,
Est aussi ma patrie ;
Et chaque don me tombe
Comme un héritage dans la main :
Frères depuis longtemps disparus
Je retrouve maintenant dans ses disciples.

6

Si tous deviennent infidèles
Je ne te reste pas moins fidèle,
Que la gratitude sur terre
Ne soit pas morte.
Pour moi t'a enveloppé le tourment,
Pour moi tu as disparu dans la douleur ;
Pour cela je te donne avec joie
Pour l'éternité ce cœur.

Souvent je dois verser larmes amères,
De ce que tu es mort,
Et beaucoup des tiens
À longueur de vie t'oublient.
Seulement d'amour pénétré
Tu as tant accompli
Et que tu ne sois qu'un son évanoui
Nul ne se souvient de cela.

Plein d'amour fidèle
Encore et toujours tu assistes chacun ;
Et s'il ne te reste personne
Tu ne lui restes pas moins fidèle ;
Le plus fidèle amour a la victoire,
On s'en aperçoit à la fin,
On pleure amèrement et on se serre
À ton genou comme un enfant.

Je t'ai ressenti,
Oh ! Ne t'éloigne pas de moi ;
Laisse que profondément lié à moi
Je sois éternellement avec toi.
Un jour mes frères encore
Lèveront les yeux au ciel,
Et d'amour se prosterneront,
Et te tomberont au cœur.

7

Je dois pleurer, pleurer toujours :
Pût-il une fois seulement apparaître
Une seule fois de loin.
Sainte mélancolie ! Éternellement durent
Mes tourments, mes peines ;
Puissé-je me figer ici dans l'instant.

Éternellement je ne les vois que souffrir,
Éternellement je le vois en prière décéder.
Oh ! Que ce cœur ne se brise,
Ne se ferment ces yeux,
M'écouler tout entier en larmes
Voilà une chance que je ne mérite pas.

Ainsi nul ne pleure d'entre tous ?
Son nom doit ainsi s'évanouir ?
Tout d'un coup le monde est mort ?
Ne sucerai-je jamais de ses yeux
Encore amour et vie ?
Désormais pour toujours est-il mort ?

Mort — que peut, que doit signifier cela ?
Oh ! Vous les sages dites-moi donc,
Dites-moi quel sens à cela.

Il est muet et tous se taisent,
Nul sur terre ne peut montrer,
Où mon cœur peut le trouver.

Nulle part ici sur terre je ne peux
Retrouver le bonheur,
Tout est un sinistre rêve.
Moi aussi je suis parti avec lui,
Puissé-je reposer en paix avec lui
Dans le caveau souterrain.

Toi, son Père et le mien.
Rassemble mes ossements
Près des siens au plus vite.
Bientôt verdira son tertre
Et soufflera sur lui le vent
Et se décomposera sa dépouille.

S'ils savaient son amour
Tous les hommes se feraient chrétiens,
Laisseraient tomber tout le reste ;
Un seul tous aimeraient,
Tous avec moi pleureraient
Et s'évanouiraient en amère douleur.

8

Je ne sais ce que je pourrais chercher,
Fût mienne cette chère créature,
S'il m'appelait sa joie,
Et qu'il fût avec moi, comme je fusse avec lui.

Si nombreux ceux qui errent et cherchent,
Le visage sauvage et défiguré,
Ils se disent toujours sages,
Et ne connaissent pourtant pas ce trésor.

L'un pense, qu'il l'a attrapé,
Et ce qu'il a, ce n'est rien qu'or ;
L'autre veut naviguer par le vaste monde,
Et sa solde ne sera qu'un nom.

Tel autre court après la couronne du vainqueur,
Et tel après la branche du laurier,
Et ainsi trompé par divers éclats
Chacun, mais aucun ne devient riche.

Il ne s'est pas à vous révélé ?
Il est décédé, celui qui pour vous est tombé dans l'oubli ?

Qui par amour a quitté
Cette vie dans un amer tourment, méprisé ?

N'avez-vous donc de lui rien lu,
Pas un pauvre mot de lui entendu ?
Comment il est devenu pour nous un bien céleste,
Et de quel bien il nous a fait l'offrande ?

Comment il est descendu du ciel,
Sublime enfant de la plus belle mère,
Quelle parole de lui le monde a entendu,
Combien ont par lui été sauvés ?

Comment, mu seulement par amour
Il s'est totalement livré à nous,
Et il s'est étendu sur la terre
Première pierre d'une cité de Dieu ?

Peut cette nouvelle ne pas vous émouvoir,
Un tel homme ne vous a pas rassasiés,
Et vous n'ouvrez pas vos portes
À celui qui pour vous a fermé l'abîme ?

Ne renoncez-vous pas volontiers à toutes choses,
Ne renoncez-vous pas à chaque désir,
Ne voulez-vous pas réserver votre cœur pour

Lui seulement
Si lui promet sa bienveillance ?

Prends-moi avec toi, héros de l'amour !
Tu es ma vie, mon monde,
S'il ne me reste rien sur terre
Je sais moi qui me récompense sans dommage.

Tu me redonnes mes aimés,
Pour l'éternité tu me restes fidèle,
Le ciel en prière se prosterne,
Et pourtant tu demeures près de moi.

9

Je le dis à chacun qu'il vit
Qu'il est ressuscité,
Qu'il plane au milieu de nous
Qu'il est pour l'éternité près de nous.
Je le dis à chacun, chacun le dira
Aussitôt à ses amis, que partout
Bientôt se lève l'aurore
Du nouveau royaume céleste.

Maintenant paraît le monde au sens nouveau
Maintenant seulement comme une patrie ;

Chacun ravi emporte de sa main
Une nouvelle vie.[1]

Dans les profondeurs de la mer
S'est abîmée l'horreur de la mort,
Et chacun léger et auguste
Peut maintenant regarder son avenir.

Le sombre chemin, qu'il a parcouru,
S'en va vers le ciel
Et qui seulement écoute son conseil
Vient aussi à la maison du Père.

Maintenant aussi plus personne ne verse larmes ici,
Si l'un ferme les yeux,
Du fait de se revoir, tard ou tôt,
Cette douleur sera adoucie.

Pour chaque bonne action
Chacun peut brûler de plus fraîches flammes,
Car cette semence merveilleusement
Pour lui fleurira dans de plus belles campagnes ;

Il vit et sera avec nous,
Si tout nous abandonne !

1. Impossible de ne pas penser à *la Vita nuova* de Dante Alighieri.

Et ainsi ce jour sera pour nous
Une fête du monde rajeuni.

10

Où restes-tu, réconfort du monde entier ?
Ta demeure est prête depuis longtemps.
Avec anxiété chacun te regarde,
Et s'offre à ta grâce !

Verse-la, Père, avec force,
Répands-la hors de tes bras !
Seulement innocence, amour et douce pudeur
La retiennent encore loin de nous.

Loin de toi pousse-la dans nos bras,
Encore chaude de ton haleine ;
Recueille-la en lourds nuages
Et laisse-la choir ici-bas.

En frais courants envoie-la ici,
Qu'elle flamboie en flammes de feu,
En air et huile, en sons et rosée
Qu'elle pénètre l'édifice de notre terre,
Ainsi sera mené le saint combat,
Ainsi sera étouffée la fureur de l'enfer,

Et éternellement fleurissant partout
S'épand l'antique paradis.

La terre tremble, verdoie et vit,
Pleine de l'esprit chaque chose aspire
À accueillir avec amour le Sauveur
Et lui offre pleine la poitrine.

L'hiver fléchit, une armée nouvelle
Se tient au grand autel de la crèche.
C'est la première armée du monde
Que cet enfant s'est de lui-même dès
L'abord imposé.

Les yeux intensément regardent le Sauveur,
Pourtant comblés du Sauveur,
De fleurs sera sa tête ornée,
Desquelles lui-même plein de grâces il nous regarde.

Il est l'étoile, il est le soleil,
Il est source de la vie éternelle,
De l'herbe et pierre, de mer et lumière
Brille son visage d'enfant.

En toutes choses son faire d'enfant.
Son amour ardent jamais ne faiblira,

Il se blottit oublieux de soi
Sans fin et fermement à chaque poitrine.

Un dieu pour nous, un enfant pour soi
Il nous aime tous d'une intime affection,
Il devient notre nourriture et notre boisson,
La fidélité est pour lui la meilleure gratitude.

La misère croît de jour en jour,
Une sombre angoisse nous accable,
Laisse, Père, partir le bien-aimé,
Avec nous tu pourras le revoir.

11

Il est des temps si angoissants,
Il est une âme si affligée,
Quand tout de loin
Prend apparence de fantôme.

Ici glissent de sauvages terreurs
Lentes et angoissantes,
Et de profondes nuits
Écrasantes oppriment l'âme.

Les sûrs pilastres vacillent,
La ferme confiance cède ;
Le tourbillon des pensées
Plus ne suit la volonté.

Le délire approche et attire
Irrésistiblement.
Le pouls de la vie s'arrête,
Chaque sens s'émousse.

Qui a élevé la croix
Comme protection pour chaque cœur ?
Qui demeure là-haut dans le ciel,
Et prête aide dans angoisse et douleur ?

Vas à la branche du miracle,
Fais place à la silencieuse nostalgie,
De lui vient une flamme
Et consume le songe lourd.

Un ange de nouveau te traîne
Sauvé sur le rivage,
Et plein de joie tu regardes en bas
Vers la terre promise.

12

Je te vois en mille images,
Marie, représentée avec grâce,
Mais nul ne peut te décrire,
Comme mon âme te perçoit.

Je sais seulement que le tumulte du monde
Depuis lors pour moi comme un rêve s'évanouit,
Et un ineffable ciel suave
Est figé en mon âme pour toujours.

13

Celui qui t'a une fois aperçue, Mère,
Jamais par la ruine ne sera capturé,
La séparation de toi doit l'attrister,
Éternellement il t'aimera ardemment
Et le souvenir de ta bienveillance
Restera désormais de son esprit l'élan suprême.

Je pense être de tout cœur avec toi,
Ce qui me manque, tu le vois en moi,
Laisse-toi attendrir, douce Mère,
Donne-moi une fois un signe joyeux.

Toute mon existence repose en toi,
Pour un seul instant sois près de moi.

Souvent quand je rêvais, je t'ai vue
Si belle, si intime à mon cœur,
Le petit dieu sur ton bras
Voulait avoir pitié du compagnon ;
Mais toi tu as levé ton sublime regard
Et tu es retournée dans le profond éclat des nuages ;

Malheureux, que t'ai-je fait ?
Encore je te prie comblé de nostalgie,
Tes saintes chapelles ne sont-elles pas
Le lieu où trouve ma vie repos ?
Reine bénie
Emporte ce cœur avec cette vie.

Tu sais, reine bien-aimée,
Combien je suis tout à toi.
N'ai-je pas déjà, depuis de longues années,
Fait l'expérience de ta bienveillance ?
Encore étais-je à peine conscient de moi-même
Que j'ai sucé déjà le lait de ton sein béni.

D'innombrables fois tu fus près de moi,
Avec joie enfantine j'ai regardé vers toi,

Ton petit enfant me tendait les mains
Afin qu'un jour je pusse me retrouver ;
Tu souriais pleine de tendresse
Et me baisais, ô doux temps paradisiaque !

Maintenant loin de ce temps béni,
L'affliction depuis longtemps m'accompagne,
Triste j'ai erré çà et là,
Ai-je donc si gravement péché ?
Je touche ton ourlet comme un enfant,
Réveille-moi de ce rêve pesant ;

Seul un enfant peut regarder ton visage,
Et compter fermement sur ton aide,
Défais dès lors le lien du temps passé,
Et tiens-moi pour ton fils :
Amour et fidélité enfantine
M'habitent encore depuis cet âge d'or.

14

Si en heures anxieuses et sombres
Notre cœur va perdre courage,
Si vaincu par la maladie
L'angoisse corrode notre être intime ;
Nous pensons à ceux que nous aimons fidèlement,

Comment l'angoisse et le chagrin les oppriment,
Des nuages limitent notre regard,
Qu'aucun rayon d'espoir ne pénètre :

Oh ! Dieu se plie alors sur nous,
Son amour s'approche de nous,
Nous aspirons alors à l'autre rive
Où se tient devant nous un ange,
Il apporte le calice de la vie fraîche,
Il nous chuchote courage et consolation ;
Et notre prière n'est pas vaine
Demandant repos pour nos aimés aussi.

Bibliographie succincte

Schlegel et L. Tieck : *Novalis, œuvres*, Berlin, 1837 ;

E. Spende : *Novalis. Essai sur l'idéalisme romantique en Allemagne*, Paris, Hachette 1904 ;

Albert Béguin : *L'âme romantique et le rêve*, Cahiers du Sud, Marseille, 1937 ;

Geneviève Blanquis : *Hymnes à la Nuit, Cantiques*, Aubier-Ed. Montaigne, Paris, 1943 ;

Marcel Brion : L'Allemagne *romantique*, vol. II, Paris, Albin Michel, 1963 ;

B. von Wiese : *Deutsche Dichter der Romantik*, Berlin, 1971;

M. Besset: *Novalis et la pensée mystique*, Paris, 1947 ;

Richard Samuel : *Grande édition critique*, Kohlhammer, Stuttgart, 1970.

Table des matières

Achevé d'imprimer par Corlet Numérique - 14110 Condé-sur-Noireau
N° d'Imprimeur : 114192 - Dépôt légal : décembre 2014 - *Imprimé en France*